Los Fernández

NOCHEVIEJA EN MADRID

Jaime Corpas
Ana Maroto

SGEL

Primera edición, 2017
Novena edición, 2023

Produce: SGEL - Libros
Avda. Valdelaparra, 29
28108 Alcobendas (Madrid)

Edición: Mise García
Corrección: Ana Sánchez
Diseño de cubierta e interior: Alexandre Lourdel
Ilustraciones de cubierta y de interior: Pablo Torrecilla
Maquetación: Alexandre Lourdel

ISBN: 978-84-9778-963-9

Depósito legal: M-13442-2017
Printed in Spain – Impreso en España

PEFC Certificado
Impreso en papel que procede de bosques gestionados de forma sostenible y fuentes controladas
PEFC
PEFC/14-38-00245
www.pefc.es

Impresión: liber digital, s.l.

ÍNDICE

1

22 DE DICIEMBRE: VACACIONES DE NAVIDAD

Marina Fernández sale del instituto de enseñanza secundaria San Isidro donde estudia el último curso de bachillerato. Tiene diecisiete años y es una chica simpática y atractiva, de pelo castaño, largo y rizado. Hoy está contenta, muy contenta, porque es veintidós de diciembre y no hay clases hasta el día siete de enero del próximo año, ¡está de vacaciones!

Nuestra joven amiga vive en el barrio de Palacio, en el centro histórico de Madrid. Su casa está en la calle de la Bola. Siempre va y vuelve a pie de su casa al instituto porque no está lejos, está a trece minutos.

Son las seis de la tarde y ahora, en invierno, es de noche. Marina sonríe y mira las luces encendidas en la plaza Mayor: azul, rojo, amarillo, verde... Hay luces de colores porque llega la Navidad.

22 DE DICIEMBRE: VACACIONES DE NAVIDAD

Un grupo de jóvenes con guitarras y zambombas[1] cantan villancicos[2]. Algunas personas compran en los puestos[3] navideños. Los madrileños van a los puestos de la plaza Mayor para comprar objetos y dulces de Navidad. Marina mira las estrellas y las bolas de colores para el árbol de Navidad.

Llega a la plaza de Isabel II o plaza de la Ópera. En un puesto compra castañas[4] calientes para llevar a casa. Le gustan mucho. A su madre y a su padre también les gustan mucho las castañas. A su hermano Lucas, no le gustan.

Las cosas que le gustan a Marina no le gustan a Lucas, y las cosas que le gustan a Lucas no le gustan a Marina. Nunca se ponen de acuerdo.

Marina camina por la calle de la Bola. Delante de ella, dos niños pequeños, vecinos del barrio, vuelven del colegio y cantan un villancico. Marina canta con ellos hasta llegar a la puerta de su casa. Se despiden:

—¡Feliz Navidad, Marina!

—¡Feliz Navidad, niños!

1 *Zambomba:* instrumento musical que se utiliza para cantar en Navidad.

2 *Villancico:* canción típica de Navidad.

3 *Puesto:* pequeño quiosco o tienda en la calle.

4 *Castaña:* fruto típico de otoño e invierno.

2

¿HOGAR, DULCE HOGAR?

Marina canta por las escaleras y entra en su casa.

—«Esta noche es Nochebuena[5] y mañana Navidad…».

En el salón, enciende el equipo de música y pone ese villancico.

—Esta noche no es Nochebuena ni mañana es Navidad ni tú tienes cinco años —dice Lucas, el hermano de Marina. Y apaga el equipo de música.

Lucas tiene veinte años, el pelo castaño y liso y los ojos verdes. Es alto y guapo. Además, es inteligente. Estudia Biología en la Universidad Complutense. Está en el tercer año y todas las chicas de su clase están enamoradas[6] de él. Lucas es para las chicas como la miel para las moscas[7].

5 *Nochebuena:* celebración familiar la noche del 24 de diciembre.

6 *Estar enamorado/a:* sentir amor por una persona.

7 *Como la miel para las moscas:* expresión que significa que es muy atractivo.

—Tú tienes veinte años —dice Marina—. Pero eres como un chico tonto[8] de quince.

—Y a ti te gusta la música tonta de esos cantantes guapos de la tele y entiendo por qué: tienes diecisiete años. Pero no entiendo por qué te gustan los villancicos. Son para niños.

—¡Nunca te gusta nada! —dice Marina—. No te gustan los villancicos, no te gustan las castañas, no te gusta el árbol de Navidad...

—No me gustan los árboles de plástico —dice Lucas—. Me gustan los árboles del campo, los árboles con manzanas o naranjas, no los árboles con estrellas y bolas.

—Tengo muy mala suerte —dice Marina—. En el mundo hay millones de chicos de veinte años, ¿por qué tienes que ser tú mi hermano?

Carmen vuelve de trabajar y entra en casa. En el pasillo oye a sus hijos. «¿Por qué mis hijos están siempre como el perro y el gato?», piensa. Se quita los zapatos, entra en el salón y dice:

—Sois como niños, ¿qué pasa ahora?

—Pongo mi música y Lucas la quita —dice Marina.

—Eso es mentira[9] —dice Lucas—. No quito tu música, quito tu villancico.

—Mamá, para ti, ¿los villancicos son música? —pregunta Marina—. O los villancicos son... ¿Qué son Lucas?

—Un error musical.

Carmen oye la respuesta de Lucas y se ríe.

—¿Es divertido[10]? —pregunta Marina a su madre.

8 *Tonto/a:* estúpido, lo contrario de inteligente.

9 *Mentira:* algo que no es verdad.

10 *Divertido/a:* que hace reír.

—A mí tampoco me gustan los villancicos —responde Carmen.

Marina camina hacia la puerta del salón. Está enfadada[11].

—No me gustan los villancicos, pero no son un problema para mí, cariño[12] —dice su madre—. Y tú, Lucas, ¿por qué no te vas a tu habitación?

—No, me voy yo —dice Marina. Y se va con la cabeza muy alta.

—Eres una gran actriz, hermana, pero no estás en un teatro.

—Lucas, eres muy tonto con tu hermana —dice su madre.

Carmen pone el villancico de Marina en el equipo de música: «Esta noche es Nochebuena y mañana Navidad...». Mira a su hijo y sonríe. Lucas se va inmediatamente a su habitación.

11 *Enfadado/a:* te sientes así cuando algo te molesta mucho o no te gusta.

12 *Cariño:* llamamos así a la gente que queremos: buenos amigos, familia o relaciones amorosas.

3

LA ABUELA LLEGA DEL PUEBLO

La cena está preparada. Marina y Lucas ayudan[13] a su madre a poner la mesa. Hoy no ponen cuatro tenedores, cuatro cuchillos, cuatro cucharas, cuatro platos, cuatro vasos y cuatro servilletas como siempre. Hoy ponen la mesa para cinco personas.

Carmen, Lucas y Marina miran el reloj de la cocina. Son las nueve. Normalmente, cenan a las ocho y media, pero hoy esperan una visita. Los tres oyen la llave en la puerta de la entrada.

Paco, el padre de Lucas y Marina, entra muy contento.

—Ya estamos los dos aquí —dice.

—¿Vienes con alguien? —pregunta Lucas, de broma[14].

—Sí, vengo con la abuela. Llegamos ahora del pueblo.

—¿Por qué viene la abuela? —pregunta Marina contenta.

—La abuela viene todos los años a pasar con nosotros la Navidad, ¿no os acordáis? —responde Paco también de broma.

13 *Ayudar:* colaborar.

14 *De broma:* para jugar.

LA ABUELA LLEGA DEL PUEBLO

Una anciana entra en la cocina con mucha energía y dice:

—¿No os acordáis de mí? ¡Me voy a mi casa!

—Abuela, tu casa está muy lejos —dice Lucas.

La abuela vive en Chinchón, un pueblo muy bonito cerca de Madrid. Vive allí con Aurora, su hermana pequeña. Es su hermana pequeña porque «solo» tiene ochenta años y la abuela tiene noventa.

Carmen y Marina besan a la abuela.

—¿Cuántos platos ves en la mesa, abuela? —pregunta Marina.

—Hay cinco platos.

—¿Y cuántas personas ves en esta cocina?

—¡Qué simpática eres! —la abuela se ríe—. Desde el principio sé que os acordáis de mí y sé que el quinto plato es mi plato.

Lucas besa a su abuela y la levanta[15] como a una niña.

—¡Lucas! —grita la abuela—. ¡Soy una anciana gorda!

—Pero tienes un nieto muy fuerte —dice Lucas.

—Y muy guapo —la abuela sonríe.

—Lucas sabe que es guapo —dice Marina—. Las chicas de su clase están enamoradas de él. Porque es guapo, no por su carácter.

—Marina, por favor, ahora no —dice Carmen.

Paco le dice a la abuela:

—Mis dos hijos son inteligentes como su abuela y guapos como su madre. Y se llevan mal porque tienen un carácter difícil como su abuelo.

La abuela se ríe. Es viuda y recuerda a su marido.

—Tienes razón, hijo. Estoy de acuerdo contigo —dice.

—Y, ahora, ¿cenamos? —pregunta Carmen.

15 *Levantar:* mover hacia arriba.

4

UN PLAN PARA LA ABUELA

Los Fernández cenan una ensalada de tomate y pescado al horno. Paco sirve la comida y pone agua en los vasos.

—¿Tenéis un plan para mañana? —pregunta la abuela mientras[16] come.

—Yo tengo un plan muy malo —responde su hijo Paco—: ir a trabajar.

Paco es dibujante, trabaja para una revista como diseñador gráfico. Sale todos los días muy temprano para ir a la oficina.

—¿A qué hora vuelves? —pregunta la abuela.

—Salgo de la oficina a las seis de la tarde. Normalmente, después de trabajar voy a nadar. Vuelvo a casa a las siete y media —Paco sonríe a su madre—. Pero mañana no voy a la piscina porque estás tú aquí.

—Hacer deporte es muy bueno, hijo —dice ella—. Tú vas mañana a la piscina como todos los días. ¡Este pescado está muy bueno! ¿Quién es el cocinero o la cocinera?

—Yo soy la cocinera del pescado y Lucas es el cocinero de la ensalada —responde Carmen.

16 *Mientras:* al mismo tiempo.

—Está todo muy bueno. Normalmente, ceno poco: una fruta o un yogur, ¡y a la cama! Pero hoy es un día especial —dice la abuela.

—Muchas gracias —dice Carmen—. Yo también trabajo mañana. Entro a las nueve y media y salgo a las seis y media de la tarde. Después, siempre voy al gimnasio. Pero mañana no voy porque estás tú aquí.

—No, no —dice la abuela—. Mañana vas al gimnasio como todos los días.

Carmen es abogada y trabaja en un despacho[17]. Sus clientes son médicos, arquitectos, artistas, empresarios, empleados...

—¿Y vosotros, nietos, qué hacéis mañana?

—Mañana voy a una conferencia en la universidad —dice Lucas—. Viene un científico para hablar sobre la protección de los océanos. Soy ecologista.

—Este planeta necesita jóvenes como tú —dice la abuela.

—Abuela —dice Marina— mañana por la tarde canto y bailo en una obra[18] de teatro musical en el instituto, ¿vienes?

—¡Sí! —responde la abuela.

—¿Estás segura, abuela? —dice Lucas.

—Eres un poco antipático con tu hermana —responde ella.

—Abuela, para mí es importante. Nunca viene nadie a verme —dice Marina.

—¡Nosotros no vamos nunca porque trabajamos! —responde Carmen.

—A mí no me gustan los musicales —dice Lucas.

—¿Ves, abuela? ¡Nunca viene nadie a verme!

17 *Despacho:* oficina.

18 *Obra:* es un trabajo artístico: teatro, pintura, literatura...

—Nieta, para mí es un plan genial. Voy, pero tengo que sentarme en primera fila.

Marina no entiende por qué.

—Soy muy mayor[19], nieta. Si estoy cerca de la gente, oigo y veo bien, pero si estoy lejos, no veo ni oigo. Y, entonces, me duermo.

Todos se ríen.

—Si me duermo y los actores me ven, es muy feo.

Marina piensa un momento y sonríe.

—Mañana tengo una sorpresa para ti.

—¿Cuál es la sorpresa, que cantas bien? —dice Lucas.

—¡Lucas, por favor! —dice Paco.

La abuela mira a Lucas y dice:

—Todos sabemos que tu hermana baila y canta muy bien, eso no es una sorpresa —dice mientras se levanta de la silla—. Familia, lo siento, pero siempre me acuesto temprano y es muy tarde para mí.

—¿No quieres postre? ¿Una naranja, una pera, una manzana? —pregunta Paco.

—No, hijo, gracias. Me voy a la cama a dormir. Buenas noches, familia.

—Buenas noches —responden todos—. Hasta mañana.

Antes de salir, la abuela dice contenta como una niña:

—¡Me gustan mucho las sorpresas!

19 *Mayor:* que tiene muchos años.

5
UN PASEO CON LA ABUELA

Marina y la abuela salen de casa, caminan por la calle de la Bola y llegan hasta la Gran Vía.

—¡Me gusta mucho la Gran Vía[20]! —dice la abuela—. Hay edificios muy bonitos: tiendas, hoteles, teatros, cines.

—Pero hoy hay mucha gente —dice Marina.

—Me gusta ver gente —dice la abuela—. En Chinchón no hay mucha gente.

—Los fines de semana hay mucha gente en Chinchón, abuela.

—Sí, los turistas. Pero durante la semana solo estamos los viejos. Los jóvenes se van del pueblo. Es normal, ¡aquí hay muchas cosas!

La nieta y la abuela caminan por la calle Montera y llegan a la Puerta del Sol[21]. Hay un árbol de Navidad muy grande en medio de la plaza.

20 *Gran Vía:* una de las calles más importantes del centro de Madrid construida a principios del siglo XX.

21 *Puerta del Sol:* plaza típica y famosa del centro de Madrid.

—Por la noche encienden el árbol y está muy bonito —dice Marina.

—Aquí viene todo el mundo en Nochevieja a comer las uvas a las doce de la noche —dice la abuela.

—¿Todo el mundo? Yo no —responde Marina triste.

En España, el día 31 de diciembre es tradición comer doce uvas a las doce de la noche para despedir el año. El día 31 es Fin de Año, el último día del año. Y el día 1 es Año Nuevo, el primer día del año. La noche del día 31 es Nochevieja. En la tele hay programas especiales para ver el reloj de la Puerta del Sol de Madrid. A las doce, las campanas[22] del reloj de la Puerta del Sol suenan doce veces. Y la gente come doce uvas. Una uva por campanada.

—Yo siempre quiero venir en Nochevieja a comer las uvas, —dice Marina— pero mis padres, no. Y Lucas, tampoco.

—¿Tus amigos no vienen? —pregunta la abuela.

—Mis amigos no están. Se van todas las Navidades porque sus familias no son de Madrid —dice Marina.

—Lo siento, nieta. Yo soy muy mayor. No puedo ir contigo a la Puerta del Sol porque me duermo de pie.

—Claro, abuela —dice Marina.

—Mi hermana Aurora siempre ve en la tele el programa de Nochevieja. Y a las doce de la noche se come las doce uvas.

—¿Y tú no comes las uvas con ella? —pregunta Marina.

—Yo me acuesto pronto. Tengo noventa años, nieta, pero Aurora es joven: tiene ochenta —la abuela se ríe.

22 *Campana:* instrumento de metal que está en los edificios importantes (ayuntamientos, iglesias...) para dar la hora.

—¡Vamos a comprar un regalo para mi tía abuela Aurora! —dice Marina.

—Buena idea, pero ¿por qué no vamos mañana? Y ahora volvemos a casa.

—¡Claro, abuela! Lo siento, siempre olvido que tienes noventa años porque eres como una joven de ochenta.

En el camino a casa ven una foto muy grande en el Teatro Real. Marina lee:

—Orquesta Sinfónica de Madrid. Concierto de Navidad. Obras de Falla, Albéniz y Granados[23].

—Música clásica española —la abuela sonríe—. En Madrid hay muchas cosas: conciertos, obras de teatro, exposiciones...

—¿Te gusta Madrid, abuela? —pregunta Marina.

—Me gusta visitar Madrid —contesta la abuela—, pero a mí me gusta vivir en el pueblo.

—¿Por qué no vienes a vivir con nosotros?

—Y tú, ¿por qué no vienes a vivir a Chinchón conmigo y con Aurora?

—¡No! —dice Marina.

—¿No? —la abuela se ríe.

La abuela anda despacio. Marina camina a su lado y sonríe feliz[24]. Quiere mucho a su abuela.

23 *Falla, Albéniz, Granados:* tres famosos compositores españoles de finales del siglo XIX y principios del siglo XX.

24 *Feliz:* muy contento/a.

6
LA SORPRESA

Marina y la abuela están solas en casa. Después de comer, la abuela quiere dormir una siesta.

—Abuela, no tenemos tiempo para la siesta. Tengo la obra de teatro del instituto, ¿no te acuerdas?

—¿Y una siesta pequeña de cinco minutos? —pregunta la abuela.

—Lo siento, abuela, pero no hay tiempo. Tengo allí la ropa y el maquillaje[25].

—Tienes razón. Me pongo los zapatos y nos vamos.

El instituto San Isidro está a trece minutos de casa cuando Marina camina sola, pero con la abuela... está a media hora o cuarenta minutos. Al final, van en taxi para no llegar tarde.

—¿Cuánto cuesta la entrada? —pregunta la abuela.

—La entrada es gratis. La gente paga después, si le gusta la obra, y da el dinero que quiere: un euro, dos..., ¡dos mil!

25 *Maquillaje:* pintura para la cara.

Marina habla con sus compañeros... Los compañeros escuchan la idea de Marina y están todos de acuerdo: ¡es una buena idea!

La abuela espera de pie en el pasillo. Una chica delgada, de pelo largo, atlética y alta, viene hacia ella. No lleva vestido ni pantalones ni falda: lleva una sábana, como en el Imperio romano.

—Hola, me llamo Alba. ¿Usted es la abuela de Marina?

—Sí, soy su abuela. Por favor, ¿dónde hay una silla? Soy muy mayor.

—Para usted no tengo una silla, ¡para usted tengo un sillón! —la joven es muy amable—. ¡Por aquí, abuela!

Llegan a una sala muy grande. La luz está apagada y la abuela no ve bien, pero hay un sillón muy grande. La abuela se sienta.

—¿Está usted cómoda? —pregunta la chica.

Pero la abuela no responde porque no oye ni ve: duerme como una niña.

Se despierta cuando oye hablar a alguien cerca de ella. Abre los ojos. Unos romanos bailan y cantan delante de ella. «¿Qué es esto?», piensa. «¡Ah, sí! ¡Es la obra de teatro!». Está contenta porque oye y ve la obra perfectamente. Los actores están muy cerca de ella...

La abuela mira alrededor: ¡está con los actores, en el escenario[26]! ¡Y el público está delante de ellos, allí abajo! La abuela tiene calor. ¡Lleva encima una manta[27] de leopardo! «¡Pero qué es esto! ¿Qué pasa?», piensa la abuela. Tiene algo encima de la

26 *Escenario:* lugar donde están los actores en una obra en un teatro.

27 *Manta:* la utilizamos en la cama para dormir en invierno y no tener frío.

cabeza… Y piensa: «Creo que en esta obra de teatro hay una reina…, ¡y la reina soy yo!».

Ahora todos los romanos, chicas y chicos, cantan y bailan alrededor de la abuela. ¡Su nieta está en el grupo de los romanos! Y canta y baila muy bien.

La obra de teatro acaba y el público aplaude. La abuela aplaude, en su sillón. Pero los actores levantan a la abuela y el público aplaude.

—¿Es una sorpresa o no, abuela? —dice su nieta.

—Es una gran sorpresa, pero… ¡quiero bajar de aquí! —grita la abuela.

7
EL GRUPO DE TEATRO

Los actores se duchan, se limpian la cara de maquillaje y se visten. Ahora llevan pantalones, faldas, camisetas, zapatillas y abrigos.

—¡Tenemos mucho dinero del público! —Alba mira una caja con dinero.

La abuela saca su dinero de su bolso y pone cinco euros en la caja y dice:

—¡Enhorabuena! La obra es muy buena. ¿Es de un escritor famoso?

—¡No! —responde Alba—. ¡Es mía! Escribo todas las obras.

—Eres una artista —dice la abuela—. Y además, eres amable y simpática.

Alba tiene veinte años y no va al instituto: es una antigua alumna. Ahora es universitaria, hace dos años que estudia en la Real Escuela Superior de Arte Dramático. Escribe obras de teatro y es la directora del grupo.

Alba quiere viajar y visitar con sus obras los teatros de todo el mundo: Londres, París, Berlín, Roma, Nueva York, Buenos Aires…

—¡Vamos a merendar un chocolate con churros! —dice uno de los actores.

—Sí, pero ¿a dónde? —pregunta una actriz.

—¿A la chocolatería[28] de la plaza de San Ginés? —pregunta Alba.

Todos están de acuerdo. La plaza de San Ginés está cerca, a siete minutos a pie. Marina camina al lado de la abuela, muy despacio.

—Abuela, ¿vamos a casa en taxi o a pie? —pregunta Marina.

—Yo voy a casa en taxi, pero tú no —responde la abuela—. Tú vas con tus amigos a la chocolatería.

—No, no voy con ellos. Voy contigo a casa.

—¿No te caen bien[29]? —pregunta la abuela.

—Sí, me caen muy bien.

—¿No vas por mí?

—No, no es por ti, abuela. No son mis amigos, son mis compañeros.

—¿Y qué? —dice la abuela.

—Hace poco tiempo que voy a la clase de teatro. Ellos van desde hace años y son todos amigos.

—No entiendo cuál es el problema —dice la abuela.

—El problema es que soy tímida —Marina está triste.

—¿Tímida, tú? —la abuela abre mucho los ojos y la boca.

28 *Chocolatería:* establecimiento donde la gente toma chocolate caliente.

29 *Caer bien:* cuando alguien te parece simpático y te gusta.

—Soy tímida con las personas que no conozco —dice Marina—. Y si estoy con un grupo, soy MUY tímida.

—Eso sí que es una sorpresa —dice la abuela—. Tú, una chica simpática, divertida... ¡¿Tímida?! Pero eso tiene solución.

Alba espera a Marina y a la abuela porque caminan muy despacio.

—Ellos caminan rápido, nos esperan en San Ginés —dice Alba.

—Nosotras no vamos —dice Marina.

—Yo no voy, pero tú sí —dice la abuela y levanta la mano—. ¡Taxi, taxi!

El taxi para al lado de la abuela. Marina abre la puerta.

—Alba, lo siento, pero me voy con mi abuela —dice Marina.

—Nunca vienes con nosotros, ¿por qué? —pregunta Alba—. ¿Te caemos mal[30]?

—No. No es eso —dice Marina.

—¿No te gusta estar con gente? —pregunta Alba—. ¿Te gusta estar sola?

—¡No, no le gusta estar sola! —dice la abuela—. ¡Es tímida! Pero tú vas a estar con ella.

—¡Sí, claro! —Alba le da la mano a Marina—. Marina, no vas a estar sola. Yo estoy contigo.

—¡Adiós, chicas! —la abuela sube en el taxi y se va.

30 *Caer mal:* cuando alguien te parece antipático y no te gusta.

8
CHOCOLATE CON CHURROS, PELUCAS Y MUCHO MÁS

El camarero pregunta qué van a tomar y todos los actores del grupo piden chocolate. En ese momento, llegan Alba y Marina.

—¡Bienvenida, Marina! —dice Miguel, un compañero.

—¡Aquí tenéis dos sillas! —dice Macarena, una compañera.

El camarero sirve el chocolate con churros. Todos beben y comen la merienda muy contentos.

—Y ahora, ¿nos vamos a la plaza Mayor? —dice Alba.

—¡Sí! ¡Genial[31]! ¡Claro! —responden todos.

Alba paga con el dinero del público y salen hacia la plaza Mayor.

En la plaza Mayor, el grupo mira los puestos navideños.

—¡En este puesto hay pelucas[32]! —dice Miguel.

Miguel se pone una peluca de color rosa y pelo largo. Sus compañeros se ríen.

—¿No os gusta esta peluca? —pregunta.

31 *Genial:* muy bien.

32 *Peluca:* pelo artificial.

—Sí, estás muy guapo con el pelo de color rosa —dice Alba.

Marina se pone una peluca de color azul.

—Estás muy guapa con el pelo azul, Marina —dice Miguel.

Todos sus compañeros la miran. Marina está roja[33].

—Tenemos un poco de dinero —dice Alba—. ¿Las compramos?

—¡Sí! Somos actores —dice Miguel— y los actores necesitamos pelucas y ropa para actuar.

Alba compra las pelucas. Después, todos se las ponen y se hacen fotos con los móviles. Alba y Miguel caminan de la mano.

—¿Alba y Miguel son novios? —pregunta Marina.

— No sé, pero son muy amigos —responde una compañera.

Las luces navideñas se encienden en la plaza. Es de noche.

—Yo me voy a casa —dice un compañero—. Hoy vienen mis abuelos del pueblo para pasar aquí las Navidades.

—Yo también me voy a casa —dice Macarena—. Esta noche me voy de viaje. ¡Feliz Navidad!

Mucha gente viaja para pasar las Navidades con la familia. Los compañeros del grupo de teatro se despiden.

—¡Hasta el año que viene! ¡Feliz Año Nuevo! —dicen.

Todos se van, excepto Miguel y Alba. Marina no sabe qué hacer.

—Bueno, yo también me voy —dice Marina.

—¿Por qué? ¿Te esperan en tu casa? —pregunta Alba.

—No, pero… —responde Marina.

—A las siete y media hay un concierto en la plaza —dice Alba—. Es gratis.

—Los músicos son amigos nuestros —dice Miguel.

—¡Vale! —responde Marina contenta.

33 *Estar rojo/a:* tener la cara roja, normalmente las personas tímidas.

9
LOS AMIGOS DE MIS AMIGOS

Los músicos saludan al público. Son dos chicos y dos chicas de veinte años o un poco más. La chica de pelo largo negro toca el piano y la chica rubia, la batería; los chicos llevan barba y el pelo corto, tocan la guitarra; uno de ellos canta. Visten camisas, pantalones y zapatillas de deporte.

—¡Hola, Madrid! —dice el cantante—. Estamos muy contentos porque estamos en la plaza Mayor con todos vosotros.

Alba, Miguel y Marina aplauden[34] mucho.

—Un, dos..., un, dos, tres, cuatro —dice el cantante.

Y empieza la música. El cantante tiene una voz bonita y la música es divertida. En la plaza baila todo el mundo. Alba y Miguel cantan porque saben todas las canciones.

Para Marina es un momento muy especial. Alba y Miguel tienen veinte años y conocen a gente interesante. Ahora son sus amigos y ella es una de ellos. Marina escucha las canciones y canta con Miguel y Alba. Piensa en su hermano Lucas y sonríe:

34 *Aplaudir:* acción con las manos después de ver un espectáculo que nos gusta.

esto no es un villancico. Y los músicos no son tontos. Pero el cantante es guapo, eso sí. ¡Ah!, y ella no es una niña.

El concierto acaba y todos aplauden.

—¡Otra, otra, otra! —dice la gente para pedir una canción más.

—Gracias, Madrid. Muchas gracias —dice el cantante.

El cantante presenta a sus compañeros y la gente aplaude.

—Me gusta mucho el grupo de vuestros amigos —dice Marina.

—Ahora vamos con ellos, ¿vienes? —pregunta Miguel.

—¡Sí! —Marina está entusiasmada[35].

Alba y Miguel saludan a los músicos con besos y abrazos. Las chicas y los chicos del grupo saludan a Marina. Son muy simpáticos e invitan a Alba, Miguel y Marina a cenar con ellos.

—No, yo no voy —dice Marina, tímida.

—¿Por qué? —pregunta Pedro, el cantante—. Te invitamos.

—Porque sois amigos de Alba y Miguel —responde Marina, roja como un tomate—, pero a mí no me conocéis.

—Los amigos de mis amigos son mis amigos —responde él.

Marina piensa: «La abuela está en casa. Tengo que cenar con toda la familia». Después piensa: «Pero este es un momento muy especial». El cantante mira a Marina y sonríe. Marina piensa «Pedro es muy atractivo».

—¿Qué dices? ¿Vienes? —pregunta.

—¡Sí! —responde Marina—. Voy con vosotros.

—¡Marina viene con nosotros a cenar! —grita el chico.

Marina oye su nombre en la boca del cantante, ve la sonrisa del cantante, los ojos del cantante..., que la mira a ella, a Marina. La niña de los villancicos. Adiós, villancicos; hola, música del futuro.

35 *Estar entusiasmado/a:* estar muy contento.

El restaurante está cerca de la plaza Mayor. El grupo cena en una mesa cerca de la barra. Marina escucha a sus nuevos amigos y no dice nada. Ellos saben muchas cosas: los sitios donde hay que ir, las ciudades donde hay que viajar, la música que hay que oír, saben cuáles son las películas y las series interesantes, los libros y los blogs que hay que leer...

«Yo no sé nada», piensa Marina. «Mañana, en casa, busco en el ordenador toda la información: los músicos, los blogs, las películas, las series, ¡todo!». Porque ahora ella es una de ellos y quiere conocer todas esas cosas.

—Y tú, ¿por qué no dices nada? —pregunta Juan, el chico de la guitarra.

Marina está roja, no sabe qué decir, pero Alba responde:

—Porque Marina es muy tímida.

—Gracias por todo, pero tengo que irme —dice Marina.

Alba va con Marina hasta la puerta del restaurante. El cantante va con ellas.

—Mañana me voy de viaje con mi familia —dice Alba—. Vamos a los Pirineos a esquiar, pero vuelvo el día de Nochevieja.

—En Nochevieja hago una fiesta en mi casa —dice el cantante a Marina—. Si quieres venir a mi fiesta...

—Miguel y yo vamos —dice Alba—. Y después vamos a la Puerta del Sol.

Pedro se despide de Marina con una gran sonrisa y dos besos.

—¡Hasta pronto! —dice, y vuelve al restaurante.

—¿Vienes conmigo y con Miguel a la fiesta de Pedro? —pregunta Alba.

—¡Sí! —Marina está entusiasmada—. ¡Gracias, Alba!

Alba le da un abrazo y dos besos.

—¡Nos vemos el día treinta y uno!

10
LA ABUELA Y LOS VECINOS DEL PUEBLO

La abuela se despierta temprano. Al lado, en otra cama, Marina duerme. La abuela sale al pasillo y oye el agua de la ducha. Carmen siempre se ducha antes de desayunar.

Paco se viste en su dormitorio y va a desayunar. Entra en la cocina. La abuela prepara su desayuno.

—Buenos días, hijo. Aquí tienes el café con leche. Hay magdalenas[36] del pueblo. ¿Te hago un zumo de naranja?

—No, mamá, aquí en Madrid eres mi invitada.

—No soy tu invitada, soy tu madre. Y ahora, te sientas y preparo el zumo.

Paco sonríe. Una madre es una madre.

Carmen entra, vestida con un traje de ejecutiva y un maletín[37].

—¡Buenos días! ¡Oh, magdalenas! —dice Carmen.

—¿No te sientas? —dice la abuela—. ¿Te hago un zumo?

36 *Magdalenas:* dulce que se toma normalmente con café con leche.

37 *Maletín:* pequeña maleta para ir a trabajar.

—No, no tengo tiempo —responde Carmen—. Voy a desayunar en el despacho, pero me llevo una magdalena. ¡Adiós!

Carmen sale rápidamente.

—¿Y Lucas? —pregunta la abuela—. ¿Preparo su desayuno?

—Está en la Universidad, en la conferencia —responde Paco.

—Ah, sí. ¿Hago tostadas, hijo?

—No, mamá, gracias. Las magdalenas están muy buenas.

—Son de la panadería de Amadeo, el vecino. Hoy vienen a Madrid él y su mujer a visitar a su hijo.

—¿Su hijo vive aquí en Madrid? —pregunta Paco.

—Sí. Estudia en la universidad —dice la abuela—. Este año pasan la Nochebuena y la Navidad aquí en Madrid con él.

—¿Y cuándo vuelven a Chinchón? —pregunta Paco.

—El miércoles. ¡Hijo, soy tonta!

—¿Por qué, mamá?

—Yo también vuelvo el miércoles al pueblo —dice la abuela—. Tengo que hablar con Amadeo para volver con ellos.

—¿Tienes su número de móvil? —pregunta Paco.

—No. ¿Para qué? Yo no tengo móvil —responde la abuela—. No me gustan los móviles y no necesito un móvil.

—¿Ah, no? ¿Y ahora, cómo hablas con Amadeo?

—Llamo a mi hermana al pueblo, mi hermana habla con la madre de Amadeo, la madre habla con Amadeo y Amadeo llama aquí —dice la abuela.

—Tienes razón, mamá —Paco se ríe—. Me voy a trabajar.

Una hora después, Marina entra en la cocina. Hoy se levanta tarde porque tiene vacaciones. La abuela habla por teléfono.

—De acuerdo. Sí, el miércoles a las cuatro aquí. Muchas gracias. Adiós.

—¿Con quién hablas, abuela?

—Con Amadeo, un vecino. El miércoles vuelvo al pueblo con él.

—¿Amadeo el panadero? —pregunta Marina.

—Sí, el panadero. Su hijo Andrés estudia en Madrid, ¿te acuerdas de él?

—Recuerdo a un niño feo, bajo, con cara de tonto y gafas.

—No sé si ahora es feo, pero tonto no es porque estudia en la universidad.

—En la universidad también hay tontos, abuela.

La abuela se ríe porque piensa que Marina tiene razón.

—Andrés tiene dieciocho años. Tú estás sola y él también está solo en Navidad, ¿por qué no sales un día con él?

Marina piensa en sus nuevos amigos.

—Abuela, no estoy sola: esta Nochevieja voy a una fiesta con Alba y sus amigos. ¡Después vamos a la Puerta del Sol!

—¿No eres un poco joven para ir a una fiesta en Nochevieja?

—Abuela, ahora no es como antes. Todo el mundo va a la Puerta del Sol a comer las uvas. Y tengo diecisiete años.

—Vale, vale. Si tus padres están de acuerdo…

—Bueno, ellos… no saben nada todavía —dice Marina—. Pero tú me vas a ayudar: tú conoces a Alba y es una buena chica.

—Marina, yo no digo nada. Eso es cosa tuya y de tus padres.

—Les dices que Alba es una chica simpática, amable y buena. ¡Por favor!

—De acuerdo, digo eso, pero nada más.

Marina le da un abrazo muy grande a su abuela.

11
24 DE DICIEMBRE: NOCHEBUENA

Por la mañana temprano, la abuela, Paco y Marina compran en el mercado el pescado y las verduras para la cena de Nochebuena. A mediodía llegan a casa con la compra.

Carmen y Lucas son los cocineros de la cena. Los martes siempre ven en la tele el programa «El gran cocinero» porque les gusta mucho cocinar.

A las ocho y media Paco y Marina ponen la mesa en el comedor. Normalmente cenan en la cocina, pero esta noche es Nochebuena.

La abuela ve la tele. Esta noche no hace nada porque ella es la cocinera mañana, el día de Navidad.

A las nueve de la noche Carmen y Lucas sirven la cena. Comen todo lo que hay en la mesa. Después, la abuela va a la cocina y vuelve con el postre. Comen sin hablar porque todo está muy bueno.

—¿Nadie habla? —la abuela se ríe.

—En Nochevieja me voy a una fiesta con unos amigos nuevos y después vamos a la Puerta del Sol a comer las uvas —dice Marina.

—¡¿Qué?! —responden Carmen y Paco.

—No, tú no sales en Nochevieja —dice Carmen.

—¿Por qué? —Marina está enfadada.

—Porque esa noche hay mucha gente en la calle —dice su madre—. No es una buena noche para salir.

—Yo quiero ir a la Puerta del Sol a comer las uvas. Todo el mundo va.

—Nosotros, no —dice Paco.

—Ese es el problema —dice Marina—. Voy con ellos porque vosotros no vais.

—Vas si Lucas va contigo también —dice Paco.

—¡Yo no voy con Marina ni a la Puerta del Sol ni a ningún sitio! —responde Lucas—. Además, no me gusta salir en Nochevieja. Hay miles de personas en la calle, no puedes andar.

—Mamá, papá, por favor. Mis amigos son buena gente. Y tienen veinte años o más, no son niños.

—Marina, no conocemos a tus amigos —dice Carmen.

—¡La abuela, sí! Ella conoce a Alba, la directora del grupo de teatro, y a Miguel. ¡Y piensa que son amables, simpáticos y buenas personas!

Carmen y Paco miran a la abuela.

12

25 DE DICIEMBRE: NAVIDAD

La abuela se levanta temprano para preparar la comida de Navidad. Hoy los Fernández tienen ensalada verde de primer plato y cordero[38] con patatas de segundo. Carmen y Paco duermen porque hoy es fiesta y no trabajan. Y Lucas también duerme porque está de vacaciones. Pero Marina se levanta temprano para ayudar a la abuela.

—¡Va a ser mi primera Nochevieja en la Puerta del Sol! ¡Gracias, abuela!

—En Nochevieja hay jóvenes que hacen muchas tonterías —dice la abuela—. Tienes que ser una buena chica.

—Yo no soy tonta y no hago tonterías —dice Marina.

—Está bien. Y ahora, ¿me haces un favor[39]?

—¡Sí, claro, abuela!

—Andrés, el hijo de Amadeo, me lleva al pueblo en coche con ellos. Después, él vuelve aquí a Madrid. Es un buen chico...

38 *Cordero:* carne de la cría de la oveja.

39 *Hacer un favor:* hacer algo bueno por alguien.

—Abuela, no…

—Vuelve porque trabaja durante las vacaciones para ganar un poco de dinero. Y está solo. ¿Por qué no sales con él?

—Si está solo es porque no tiene amigos —responde Marina.

—Es su primer año en Madrid —dice la abuela.

—Y si no tiene amigos es porque es aburrido o tonto o…

—O porque sus amigos no están estos días en Madrid. Como tus amigos.

—Abuela, por favor. ¿Adónde voy con él?

—A dar un paseo, a un museo, al Retiro[40] —dice la abuela enfadada.

—Está bien —dice Marina.

—Después llamo a Amadeo y le doy el número de teléfono para su hijo —dice la abuela contenta.

—Pero salgo con él un día y nunca más —dice Marina.

Carmen, Paco y Lucas se levantan tarde y desayunan. A las dos, la comida de Navidad está en la mesa, pero no tienen hambre.

—¿No os gusta el cordero? —pregunta la abuela.

—Lo siento, pero yo no tengo hambre —dice Lucas.

—Yo, tampoco —dice Paco—. Después de la cena de Nochebuena…

—Y después del desayuno… —dice Carmen.

—Yo sí tengo hambre, abuela —dice Marina—. Y el cordero está muy bueno.

—Está muy bueno porque es un cordero del pueblo —dice la abuela—. Estos corderos viven en el campo y comen en el campo.

40 *Retiro:* parque muy conocido en el centro de Madrid.

Después de comer, los Fernández duermen una siesta en el sofá delante de la tele. Paco se despierta porque oye el teléfono de casa.

—¡Marina! Marina, es para ti —dice Paco—. Es Andrés, el hijo de Amadeo.

Marina dice «no» con la mano. Paco habla con Andrés.

—Sí, sí, muchas gracias. (...) El miércoles por la noche vuelves porque trabajas el jueves por la mañana. (...) Vienes el sábado o el domingo por la tarde. (...) Carmen y yo no estamos el sábado, pero Marina sí. Muy bien, Andrés. De acuerdo. El sábado vienes. Adiós.

—¡Papá! ¿Andrés viene a casa el sábado? —Marina está enfadada.

—Sí, viene con unas magdalenas para nosotros: es un chico muy amable —dice Paco.

—¿Y por qué no estáis mamá y tú el sábado? —pregunta Marina.

—El sábado salimos a comer con mis compañeros de trabajo —dice Paco—, pero el sábado también está Lucas en casa.

Lucas oye su nombre y se despierta.

—¿Qué pasa? —pregunta.

—El sábado tenemos visita —dice Marina—. Viene el hijo del panadero.

—Tienes visita tú —dice Lucas—. Yo me voy a una manifestación[41] a favor de la energía solar.

—Pues yo también voy a la manifestación —dice Marina.

41 *Manifestación:* reunión de mucha gente en la calle para pedir algo o protestar por algo.

—Es en Cáceres, tonta. Me voy en tren el viernes con mis compañeros de la facultad.

La abuela se despierta. Marina piensa rápido.

—Abuela, el sábado veo a Andrés.

—¡Muy bien! —dice la abuela, y piensa que Marina y Andrés pueden ser amigos.

—Pero el sábado y nunca más, ¿de acuerdo?

—De acuerdo.

Marina sonríe: no tiene que salir con el hijo del panadero.

13

ANDRÉS, EL HIJO DEL PANADERO

El sábado por la tarde Marina está sola en casa. Lleva unos pantalones viejos y una camiseta grande para estar fea. Piensa en Andrés de niño: feo, con cara de tonto, bajo y gafas. Son las cuatro en el reloj del salón. «Hablo un poco con él», piensa Marina, «y a las cuatro y cuarto digo: lo siento, pero me encuentro mal, me duele mucho la cabeza. Me voy a la cama. ¡Y fin de la visita! Soy una buena actriz». Oye el timbre de la puerta.

Marina se pone una bufanda y abre la puerta con cara de enferma.

—Hola, ¿qué tal? Soy Andrés.

¿Dónde está aquel niño feo con cara de tonto y bajo? Andrés es alto, atractivo, tiene una sonrisa bonita y unos ojos inteligentes… detrás de las gafas. Marina piensa todo eso en dos segundos.

—Hola, Andrés —Marina le da dos besos.

—¿Te encuentras mal? —pregunta el chico—. Si estás enferma, me voy.

—¿Yo, enferma? ¡No! —se quita la bufanda y sonríe.

—Esto es para vosotros: magdalenas y bizcocho.

—¡Gracias! Tus magdalenas son muy buenas —dice Marina.

—No son mías, son de mi padre —Andrés se ríe.

—¿Quieres un café? —Marina va a la cocina.

—Vale, me tomo un café rápido.

—¿Por qué rápido? ¿Vas a algún sitio ahora? —Marina quiere oír «no».

—Sí. Me espera una amiga en la Gran Vía. Bueno, ahora no, a las seis.

—La Gran Vía está aquí al lado y son las cuatro —Marina sonríe, pero piensa en la palabra «amiga».

En la cocina, toman un café con bizcocho y hablan de sus vidas.

—Estudio Desarrollo de videojuegos en la universidad. Es muy interesante —dice Andrés.

—¡¿Videojuegos?! Pero ¿no estudias Ingeniería? —pregunta Marina.

—Sí, el Desarrollo de videojuegos está dentro de los estudios de Ingeniería informática —Andrés se ríe y saca un cuaderno de su mochila[42]: son dibujos para un videojuego.

—Me gustan mucho —dice Marina—. Y sé mucho de dibujo: mi padre es dibujante.

Andrés está contento porque a Marina le gustan sus dibujos. Después de ver sus dibujos, Marina le habla de las clases de teatro. A él también le gusta mucho el teatro y el cine y le pregunta si conoce las películas que a él le gustan.

42 *Mochila:* bolsa que llevan los estudiantes en la espalda con los libros y otras cosas.

—No, pero quiero ver todas esas películas. Mi amiga Alba las conoce y también le gustan mucho, como a ti. Ella va mucho al cine.

—Y ¿por qué no vas al cine con ella? —pregunta Andrés.

—Es una amiga nueva. Tiene veinte años —dice Marina—. Alba y sus amigos saben mucho de música, de cine, de literatura, de arte. Yo solo conozco la música que oye todo el mundo, las películas que ve todo el mundo, leo los libros que lee todo el mundo. Soy una tonta.

—¡No eres tonta! Nadie es tonto por no conocer una película o un libro —dice Andrés.

—Ahora, en internet, busco todas esas cosas —dice Marina.

—¿Por qué no les pides la música y los libros a tus nuevos amigos?

—Porque soy tímida —dice Marina.

—Conmigo no eres tímida.

—Contigo no, pero con ellos, sí. ¿Tú tienes amigos? —pregunta Marina—. Tu padre dice que estás solo.

Andrés se ríe mucho ahora.

—Ahora estoy solo en el piso. Vivo con dos compañeros de universidad que no son de Madrid y están con sus familias durante las vacaciones de Navidad. Pero tengo muchos amigos.

—¿Y novia? —pregunta Marina, un poco roja.

—Tengo amigas, pero novia, no —Andrés sonríe.

—¡Este año voy por primera vez a la Puerta del Sol a comer las uvas!

—Yo también voy, pero voy a vender las uvas —dice Andrés.

—¡¿La gente compra las uvas en la Puerta del Sol?! —Marina no entiende.

—Hay gente que olvida[43] las uvas en casa o no tiene tiempo para comprarlas.

—Ah. ¿Y tus amigos van contigo a la Puerta del Sol? —pregunta Marina.

—No, a mis amigos no les gusta ir a la Puerta del Sol en Nochevieja.

—Andrés mira el reloj de la cocina y se levanta—. ¡Son las seis menos diez!

En la puerta, Andrés y Marina se despiden. Los dos sonríen contentos.

—Encantado de conocerte, Marina. Hasta pronto.

—¿Quieres mi número de móvil? —pregunta Marina.

—¡Y dices que eres tímida! —Andrés se ríe. Y le da su número.

43 *Olvidar:* dejar algo en un lugar porque no nos acordamos.

14
MALAS NOTICIAS

Día 30 de diciembre. Alba llama a Marina desde los Pirineos por la noche.

—Hola, Alba. ¿Qué tal estás? —Marina está contenta, el día 31 está cerca.

—No muy bien, estoy en un hospital —dice Alba—. Tengo una pierna rota. No puedo ir a la Puerta del Sol mañana.

—Lo siento mucho —dice Marina—. Pero ¿vas a la fiesta de Pedro?

—No, quiero estar en casa, en el sofá y no hacer nada —dice Alba—. Mañana ceno en casa con mi familia. Miguel viene a cenar para estar conmigo.

Marina está triste por Alba, pero también está triste porque mañana no va a la Puerta de Sol. Y la fiesta…, conoce a Pedro muy poco…, y ella es tímida.

—Y tú, Marina, ¿vas a la fiesta de Pedro? —pregunta Alba.

—No sé… No tengo la dirección de su casa —dice Marina.

—¿Te doy su número de móvil y hablas con él? —dice Alba.

Ahora Marina tiene el número. No sabe qué hacer: llamar a Pedro o no. Pero quiere ir a una fiesta de Nochevieja por primera vez en su vida. Llama.

—Hola, Pedro, soy Marina.

—¿Quién? —responde Pedro—. ¿Marina? ¿Qué Marina?

¡Pedro no se acuerda de ella! Marina le dice que es amiga de Alba y de Miguel, habla del concierto en la plaza Mayor, de la cena…

—Perdona, pero estoy en una fiesta, hay mucha gente y no oigo nada.

Marina oye risas de chicos y chicas, música… Está roja, recuerda que Pedro es el cantante de un grupo de música y ella no es nadie. Una tonta.

15

31 DE DICIEMBRE: NOCHEVIEJA

Carmen y Lucas preparan la cena de Nochevieja. Paco pone la mesa para tres personas. Y tres platos con doce uvas para comer a las doce de la noche. Marina entra en el salón con los pantalones viejos y la camiseta grande.

—¿Qué haces aquí? —dice su padre—. ¿No vas a una fiesta?

—No voy a la fiesta porque Alba no va. Y yo no conozco a nadie, son sus amigos. Pero los amigos de mis amigos no son mis amigos —dice Marina.

—¿Pero vais a la Puerta del Sol después o no? —pregunta Paco.

—No. Alba tiene la pierna rota y no puede caminar.

—Lo siento, hija. Pongo la mesa para cuatro y otro plato con doce uvas.

Carmen viene de la cocina con platos de carne fría y queso.

—La cena está preparada. Marina, ¿no te vistes para la fiesta?

—No… porque no voy a la fiesta —dice Marina muy triste.

Lucas entra con la sopa de pescado; mira a Marina de arriba abajo.

—¿A qué hora es tu fiesta, hermana? —pregunta.

Pero Marina no puede hablar… y corre a su habitación. En el salón, los tres oyen a Marina llorar. Saben que Marina espera la Nochevieja desde hace días para ir por primera vez a la Puerta del Sol.

Carmen llama a la puerta de la habitación de Marina y entra.

—Marina, la cena está en la mesa. ¿Vienes a cenar?

—No tengo hambre.

Lucas entra también.

—Si vamos a la Puerta del Sol a comer las uvas, tenemos que cenar antes.

—¿Qué? —Marina no entiende qué dice su hermano.

—¿No vienes a la Puerta del Sol con nosotros? —pregunta Lucas.

Paco entra en la habitación de su hija.

—Hija, son las diez. ¿Quieres llegar a la Puerta del Sol después de las doce?

Marina sonríe ahora. Se levanta y abraza a sus padres y a su hermano.

A las once y cuarto, los Fernández salen de casa. Caminan despacio porque hay mucha gente en la calle y todos van hacia la Puerta del Sol. A las doce menos cuarto llegan. Oyen las campanas del reloj.

—¿¡Son las doce?! —grita Marina.

—No, son las campanas de las doce menos cuarto —dice Lucas.

—Ah, sí. Veo el reloj —Marina sonríe—. Mamá, ¿nos das las uvas?

—Yo no tengo las uvas —responde Carmen—. ¿Quién tiene las uvas?

—Yo no —responde Paco—. ¿Y tú, Lucas?

—Yo tampoco —responde Lucas y se ríe—. Las uvas están en casa.

—¡No! —grita Marina.

—No tienes las uvas, pero estás en la Puerta del Sol —Carmen sonríe.

Marina piensa un momento… ¡Sí! ¡Ella sabe quién tiene uvas! Llama por teléfono a Andrés.

—Hola, Andrés. Soy Marina, ¿te acuerdas de mí?

—¡Claro que sí! ¿Estás en la Puerta del Sol? —pregunta el chico.

—Sí, estoy con mis padres y mi hermano. Pero no tenemos uvas… ¿Y tú?

Los Fernández esperan a Andrés. Marina mira el reloj de la Puerta del Sol. Son las doce menos cinco y el chico no llega. Toda la gente tiene las uvas en la mano y mira el reloj.

Ahora son las doce menos tres minutos y Andrés no llega. Marina piensa en los últimos días: en la abuela como la reina de la obra de teatro, en la chocolatería con los compañeros, en el concierto con Alba y Miguel en la plaza Mayor, en la cena con Pedro y el grupo de música, en el niño bajo y feo que ahora es un chico alto y atractivo. Y sonríe porque son muchas sorpresas en poco tiempo. Hay una sorpresa más:

—¡Ahí está el hijo del panadero! —grita Paco.

—Se llama Andrés, papá —dice Marina.

Y no sabe si está contenta porque está en la Puerta del Sol en Nochevieja o porque está en la Puerta del Sol con Andrés que, ahora, le regala doce uvas y una gran sonrisa. ¡Empiezan las campanadas! Uno, dos, tres, cuatro, cinco, seis, siete, ocho, nueve, diez, once, doce. ¡FELIZ AÑO NUEVO!

FIN

¡PAZ, AMOR, TRABAJO Y SALUD!
¡Feliz año Nuevo!

ACTIVIDADES

1. 22 DE DICIEMBRE: VACACIONES DE NAVIDAD

1. ¿Qué sabes sobre Marina?

1. Estudia .... en ....
2. Tiene .... años.
3. Es una chica ....
4. Vive en ....
5. Su hermano se llama ....

2. ¿Verdadero o falso?

		V	F
1.	Hoy es Navidad.	☐	☐
2.	Marina está de vacaciones.	☐	☐
3.	Marina vive en el centro de Madrid.	☐	☐
4.	El instituto de Marina está lejos de su casa.	☐	☐
5.	En la plaza Mayor hay puestos navideños.	☐	☐
6.	Marina compra castañas en la plaza de la Ópera.	☐	☐
7.	A sus padres les gustan las castañas.	☐	☐
8.	Marina y su hermano tienen gustos diferentes.	☐	☐

REFLEXIÓN

¿Celebras la Navidad? ¿Te gusta?

2. ¿HOGAR, DULCE HOGAR?

1. ¿Qué sabes sobre Lucas?

1. Estudia .... en ....
2. Tiene .... años.
3. Es un chico ....
4. Su hermana se llama ....
5. No le gustan ....

2. Relaciona la información de las dos columnas.

1. Cuando Marina llega a casa,	a. los villancicos son para niños.
2. Pero Lucas apaga	b. vuelve del trabajo.
3. Todas las chicas de la clase	c. pone un villancico.
4. Lucas piensa que	d. de Marina.
5. A Marina no le gusta	e. la música porque no le gusta.
6. La madre de Lucas y Marina	f. su hermano.
7. Marina está enfadada y	g. de Lucas están enamoradas de él.
8. Carmen pone el villancico	h. se va a su habitación.

REFLEXIÓN

1. ¿Te gusta la música navideña? ¿Qué tipo de música te gusta?
2. ¿Tienes hermanos? ¿Te llevas bien con ellos?

3. LA ABUELA LLEGA DEL PUEBLO

1. Clasifica las siguientes palabras.

plato – servilleta – entrada – terraza – vaso – comedor – cuchara – cocina – baño – cuchillo – tenedor – dormitorio

LA CASA	LA MESA

2. Completa las frases sobre este capítulo.

1. Marina y Lucas ayudan a Carmen a ....
2. El padre llega a casa con ....
3. La abuela va todos los años a casa de los Fernández para pasar con ellos la ....
4. La abuela vive en ....
5. Aurora, la hermana de la abuela, tiene ....
6. Paco dice que sus dos hijos se llevan mal porque ....
....

REFLEXIÓN

1. ¿Cuándo cenas normalmente: tarde o temprano? ¿Por qué?
2. ¿Comes o cenas con toda tu familia en alguna fecha especial?

4. UN PLAN PARA LA ABUELA

1. ¿Qué sabes sobre Paco y Carmen?

PACO

1. Es .... y trabaja para ....
2. Sale de casa todos los días .... para ir a la oficina.
3. Sale de trabajar a las ....
4. Normalmente después de trabajar ....

CARMEN

1. Es .... y trabaja en ....
2. Empieza a trabajar a las ....
3. Sale de trabajar a las ....
4. Sus clientes son ....
5. Normalmente después de trabajar ....

2. Lee las siguientes informaciones. Hay tres que no son verdad. Márcalas con una ✗.

1. Carmen y Lucas son los cocineros de la cena. ☐
2. Marina sirve la cena. ☐
3. Normalmente la abuela no cena mucho. ☐
4. Mañana Lucas va a una conferencia. ☐
5. Marina invita a la abuela a un musical. ☐
6. Los padres de Marina normalmente no van a ver a Marina en sus actuaciones. ☐
7. La abuela oye bien pero ve mal. ☐
8. Esta noche la abuela come un poco de fruta antes de acostarse. ☐

REFLEXIÓN

¿Cómo crees que son los Fernández?
¿Crees que es una familia típica española?

5. UN PASEO CON LA ABUELA

1. Relaciona la información de las dos columnas.

1. Marina y la abuela salen de casa y	a. no están en Madrid en Nochevieja.
2. En la Gran Vía	b. llegan hasta la Gran Vía.
3. Llegan a la Puerta del Sol y	c. por la tele.
4. Los amigos de Marina	d. hay mucha gente.
5. Aurora ve el programa especial de Nochevieja	e. ven un árbol de Navidad muy grande en la plaza.
6. La abuela no come las uvas	f. porque se acuesta pronto.

2. Completa el texto sobre la Nochevieja en España con las siguientes palabras.

Año Nuevo – diciembre – noche – doce – campanas
Puerta del Sol – Fin de Año – Nochevieja

En España, el día 31 de (1) .... es tradición comer (2) .... uvas a las doce de la (3) .... para despedir el año. El día 31 es (4) ...., el último día del año. Y el día 1 es (5) ...., el primer día del año. La noche del día 31 es (6) .... En la tele hay programas especiales para ver el reloj de la (7) .... de Madrid. A las doce, las (8) .... del reloj de la Puerta del Sol suenan doce veces. Y la gente come doce uvas. Una uva por campanada.

REFLEXIÓN

1. ¿Cómo celebras tú la Nochevieja?
2. ¿Conoces alguna otra tradición de algún país hispano?

6. LA SORPRESA

1. Completa el resumen del capítulo con la información que falta.

La abuela quiere (1) .... pero no puede porque Marina no quiere llegar tarde. Van en taxi al instituto de secundaria San Isidro (2) .... Marina tiene una idea y (3) .... La abuela está muy contenta porque se sienta en un sillón muy grande y (4) .... La abuela duerme durante el musical y (5) ...., pero cuando abre bien los ojos descubre que (6) .... Lleva una manta de leopardo y (7) .... La abuela es la reina del espectáculo. Cuando la obra acaba, (8) .... y los actores levantan a la abuela, pero ella quiere bajar del sillón.

a. está muy cómoda.
b. tiene mucho calor.
c. se despierta antes del final
d. dormir una siesta después de comer,
e. está en el escenario con los actores
f. habla con sus compañeros.
g. porque la abuela camina muy despacio
h. el público aplaude

2. ¿Verdadero o falso?

		V	F
1.	La abuela duerme una siesta.	☐	☐
2.	El musical de Marina es en su instituto.	☐	☐
3.	Marina y la abuela van al instituto andando.	☐	☐
4.	El instituto de Marina está lejos de su casa.	☐	☐
5.	La abuela no tiene que pagar para ver el musical.	☐	☐
6.	La abuela se sienta en una silla para ver la obra.	☐	☐
7.	La abuela ve la obra muy bien.	☐	☐
8.	El público aplaude a la abuela.	☐	☐

REFLEXIÓN

¿Crees que a la abuela le gusta estar en el escenario con los actores?

7. EL GRUPO DE TEATRO

1. Ordena lo que sucede en este capítulo.

1	2	3	4	5	6	7
b						

a. Marina no quiere ir con los actores porque es tímida.
b. Los actores se duchan y se visten.
c. La abuela se va con el taxi.
d. La abuela da cinco euros a los actores.
e. Marina se queda con Alba.
f. Los actores deciden ir a tomar un chocolate con churros.
g. Marina le pregunta a la abuela si quiere caminar o ir en taxi a casa.

2. Completa las frases sobre este capítulo.

1. Alba tiene .... años.
2. Alba escribe .... y es ....
3. Alba estudia en ....
4. Alba quiere ....
5. Marina es tímida con ....
6. Hace poco tiempo que Marina ....

REFLEXIÓN

Imagina que estás en la situación de Marina. ¿Qué haces? ¿Vas a la chocolatería con el grupo de teatro o vuelves a casa con la abuela?

8. CHOCOLATE CON CHURROS, PELUCAS Y MUCHO MÁS

1. Lee las siguientes informaciones. Hay tres que no son verdad. Márcalas con una X.

1. Después de tomar el chocolate con churros, todos van a la plaza Mayor. ☐
2. Alba paga la cuenta en la chocolatería. ☐
3. Miguel compra pelucas para todos. ☐
4. Todos se hacen fotos con los móviles. ☐
5. Una compañera sale de viaje esta noche. ☐
6. Antes de las siete hay un concierto en la plaza. ☐
7. El concierto es gratis. ☐
8. Los músicos son amigos de Marina. ☐

2. Busca las siguientes expresiones en el capítulo y tradúcelas a tu idioma.

1. ¡Vale! ....
2. ¡Genial! ....
3. ¡Feliz Navidad! ....
4. ¡Bienvenido/–a! ....
5. ¡Hasta el año que viene! ....
6. ¡Feliz Año Nuevo! ....

REFLEXIÓN

1. ¿Te gusta salir con grupos grandes de amigos o prefieres los grupos pequeños?
2. ¿Viajas normalmente en Navidad?

9. LOS AMIGOS DE MIS AMIGOS

1. Relaciona las palabras para formar expresiones que aparecen en este capítulo.

1. saludar	a. de viaje
2. tocar	b. a alguien a cenar
3. llevar	c. al público
4. invitar	d. entusiasmado
5. ir	e. barba
6. hacer	f. la guitarra
7. estar	g. una fiesta

2. Completa el resumen del capítulo con la información que falta.

Marina está con Alba y Miguel en un concierto en la plaza Mayor. Los músicos son dos chicos y dos chicas (1) .... El cantante tiene una voz muy bonita y (2) .... Marina está muy contenta, (3) .... y cree que ya no es una niña. Después del concierto, Pedro, el cantante, (4) .... Ella piensa que Pedro es muy atractivo. Marina tiene que volver a casa para cenar con su familia, pero (5) .... En el restaurante (6) .... que hablan de cosas muy interesantes. Después de la cena, el cantante del grupo invita a Marina a (7) ....

a. invita a Marina a cenar con ellos.
b. la gente empieza a bailar.
c. la fiesta de Nochevieja.
d. le gusta más esa música que los villancicos
e. amigos de Alba y de Miguel.
f. Marina escucha la conversación de sus nuevos amigos
g. cree que es un momento especial y acepta la invitación.

REFLEXIÓN

1. ¿Qué descubre Marina durante el concierto y durante la cena?
2. ¿Crees que es mejor salir con gente que tiene más edad que tú? ¿Por qué?

10. LA ABUELA Y LOS VECINOS DEL PUEBLO

1. Relaciona la información de las dos columnas.

1. La abuela y Paco
2. Carmen no se sienta a desayunar con ellos
3. Lucas no está en casa porque
4. El hijo del vecino de la abuela
5. La abuela no tiene el teléfono de sus vecinos,
6. La abuela vuelve el miércoles
7. Cuando Marina piensa en Andrés,

a. estudia en Madrid.
b. desayunan en la cocina.
c. a Chinchón con sus vecinos.
d. porque no tiene tiempo.
e. pero finalmente habla con ellos.
f. está en una conferencia en la universidad.
g. recuerda a un niño feo, con cara de tonto.

2. ¿Verdadero o falso?

		V	F
1.	La abuela se levanta antes que Marina.	☐	☐
2.	A Carmen le gustan las magdalenas.	☐	☐
3.	La abuela prepara el desayuno de Lucas.	☐	☐
4.	Carmen desayuna en el trabajo.	☐	☐
5.	Amadeo es el hijo del panadero.	☐	☐
6.	Hoy llegan a Madrid los vecinos de la abuela.	☐	☐
7.	Andrés es un chico de Chinchón.	☐	☐
8.	Marina va a ir a la Puerta del Sol en Nochevieja y sus padres están de acuerdo.	☐	☐

REFLEXIÓN

¿Qué desayunan los Fernández? ¿Crees que es un desayuno sano? ¿Es muy diferente a tu desayuno?

11. 24 DE DICIEMBRE: NOCHEBUENA

1. Ordena lo que sucede en este capítulo.

1	2	3	4	5	6	7
c						

a. Carmen y Lucas preparan la cena.
b. La abuela lleva el postre a la mesa.
c. La abuela con su hijo y su nieta van al mercado.
d. Marina dice a sus padres que va a ir a una fiesta en Nochevieja.
e. Marina y su padre ponen la mesa.
f. Vuelven a casa a mediodía.
g. La familia empieza a cenar.

2. Lee las siguientes informaciones. Hay tres que no son verdad. Márcalas con una ✗.

1. A Carmen y a Lucas les gustan los programas de cocina de la televisión. ☐
2. Los Fernández hoy no cenan en la cocina. ☐
3. La abuela prepara la cena en Nochevieja. ☐
4. Los Fernández cenan sin hablar. ☐
5. Marina está enfadada porque sus padres no le dan permiso para salir en Nochevieja. ☐
6. Lucas va a comer las uvas con Marina. ☐
7. A Lucas no le gusta salir en Nochevieja. ☐
8. La abuela no conoce a los amigos de Marina. ☐

REFLEXIÓN

¿Hasta qué edad crees que una persona tiene que pedir permiso a sus padres para salir?

12. 25 DE DICIEMBRE: NAVIDAD

1. Completa el resumen con la información que falta.

Paco, Carmen y Lucas duermen mientras la abuela y (1) .... Marina está contenta porque (2) .... en Nochevieja. La abuela piensa que Marina está sola en Madrid en las vacaciones y que el hijo de su vecino, Andrés, también está solo y (3) .... Lucas y sus padres se levantan tarde y no comen mucho (4) .... La familia duerme (5) .... El teléfono suena y (6) .... y responde. Es Andrés que quiere hablar con Marina, pero (7) .... Andrés le dice a Paco que va a ir a su casa el sábado porque (8) .... para ellos, pero el sábado los padres de Marina tienen una comida y Lucas se va a una manifestación. Marina le dice a la abuela que va a (9) ....

a. una siesta después de comer.
b. Marina preparan la comida de Navidad.
c. ver a Andrés el sábado.
d. piensa que ellos pueden salir juntos.
e. Paco se despierta
f. sus padres le dan permiso para salir
g. porque no tienen hambre.
h. ella no quiere hablar con él.
i. lleva unas magdalenas de Chinchón

2. Relaciona las palabras para formar expresiones. Hay más de una combinación posible.

1. ganar	a. un paseo
2. levantarse	b. vacaciones
3. estar	c. un favor
4. salir con	d. alguien
5. estar de	e. una siesta
6. dar	f. temprano
7. dormir	g. dinero
8. hacer	h. enfadado/a

REFLEXIÓN

¿Por qué crees que Marina no quiere ver a Andrés?

13. ANDRÉS, EL HIJO DEL PANADERO

1. ¿Verdadero o falso?

		V	F
1.	Marina está enferma.	☐	☐
2.	Marina se sorprende cuando ve a Andrés porque recuerda a un chico guapo.	☐	☐
3.	A Marina no le gusta Andrés.	☐	☐
4.	Andrés no tiene mucho tiempo.	☐	☐
5.	Andrés estudia Ingeniería informática.	☐	☐
6.	Andrés piensa que Marina es tímida.	☐	☐
7.	La chica con la que se va a encontrar Andrés en la Gran Vía es su novia.	☐	☐
8.	Andrés también va a ir a la Puerta del Sol.	☐	☐

2. Elige la opción correcta.

1. Antes de llegar Andrés, Marina está en casa…
   a. sola. b. con Lucas. c. con la abuela.
2. Marina abre la puerta con cara de…
   a. enfadada. b. alegría. c. enferma.
3. Andrés no es feo, es…
   a. alto y tonto. b. atractivo y alto. c. bajo y atractivo.
4. Andrés está contento porque a Marina le gustan…
   a. los videojuegos. b. sus dibujos. c. sus gafas.
5. Marina y Andrés hablan de…
   a. cine. b. política. c. informática.
6. Andrés vive en Madrid con…
   a. sus padres. b. una chica.
   c. dos compañeros de la universidad.
7. Andrés va a .... en la Puerta del Sol en Nochevieja.
   a. comprar uvas b. vender uvas c. tomar uvas
8. Andrés le da .... a Marina cuando se va de su casa.
   a. un beso b. su número de teléfono c. la mano.

REFLEXIÓN

¿Crees que Marina quiere ver otra vez a Andrés? ¿Por qué? ¿Y Andrés? ¿Crees que quiere ver otra vez a Marina?

14. MALAS NOTICIAS

1. Ordena lo que sucede en este capítulo.

1	2	3	4	5	6	7
c						

a. Alba le da a Marina el número de teléfono de Pedro.
b. Pedro no se acuerda de Marina.
c. Alba llama a Marina por teléfono.
d. Marina llama a Pedro.
e. Marina no sabe si llamar por teléfono a Pedro o no.
f. Marina piensa que es una tonta.
g. Alba le dice a Marina que está en un hospital.

2. Relaciona la información de las dos columnas.

1. Alba llama a Marina
2. Marina está contenta
3. Alba no puede ir mañana
4. Miguel va a cenar
5. Marina no tiene
6. Marina llama a Pedro por teléfono, pero
7. Pedro no oye nada porque
8. Marina piensa que Pedro

a. está en una fiesta.
b. desde los Pirineos.
c. él no se acuerda de ella.
d. la dirección de Pedro.
e. es una persona importante y ella no es nadie.
f. porque mañana es Nochevieja.
g. a la Puerta del Sol.
h. con Alba.

REFLEXIÓN

¿Crees que es normal la respuesta de Pedro a Marina? ¿Por qué crees que no se acuerda de ella?

15. 31 DE DICIEMBRE: NOCHEVIEJA

1. ¿Quién o quiénes?

Carmen – Paco – Lucas – Marina – Alba – Andrés

1. Preparan la cena: ....
2. Pone la mesa: ....
3. No va a la fiesta: ....
4. No puede caminar: ....
5. Llora en su habitación: ....
6. Abraza a su familia: ....
7. Salen de casa hacia la Puerta del Sol: ....
8. Llama por teléfono a Andrés: ....

2. Completa las frases sobre este capítulo.

1. Marina no va a la fiesta porque ....
2. Los padres y el hermano de Marina saben que hace días que ella espera esa noche para ir por primera vez a ....
3. Los Fernández caminan muy despacio hacia la Puerta del Sol porque ....
4. Cuando llegan a la plaza Marina oye las campanas y piensa que son las doce, pero son las ....
5. Marina le pide las uvas a su madre pero las uvas están . ...
6. A las doce menos tres minutos llega con las uvas ....
7. Marina piensa que Andrés es un chico ....
8. Marina está contenta porque está en la Puerta del Sol en Nochevieja y porque está con ....

REFLEXIÓN

1. ¿Te gusta el final de esta historia? ¿Cómo crees que continúa la relación de Marina con Andrés?
2. ¿Sabes más español después de leer esta historia?

SOLUCIONES

1. 22 DE DICIEMBRE: VACACIONES DE NAVIDAD

1. 1. ▸ el último curso de bachillerato en el instituto de secundaria San Isidro
   2. ▸ 17
   3. ▸ simpática y atractiva, de pelo castaño, largo y rizado
   4. ▸ la calle de la Bola en Madrid
   5. ▸ Lucas

2. 1. ▸ F   2. ▸ V   3. ▸ V   4. ▸ F   5. ▸ V   6. ▸ V   7. ▸ V   8. ▸ V

2. ¿HOGAR, DULCE HOGAR?

1. 1. ▸ tercero de Biología en la Universidad Complutense
   2. ▸ 20
   3. ▸ alto, guapo e inteligente
   4. ▸ Marina
   5. ▸ los villancicos, las castañas, el árbol de Navidad

2. 1. ▸ c   2. ▸ e   3. ▸ g   4. ▸ a   5. ▸ f   6. ▸ b   7. ▸ h   8. ▸ d

3. LA ABUELA LLEGA DEL PUEBLO

1.

LA CASA	LA MESA
entrada	plato
terraza	servilleta
comedor	vaso
cocina	cuchara
baño	cuchillo
dormitorio	tenedor

2. 1. ▸ poner la mesa 2. ▸ la abuela 3. ▸ la Nochebuena y la Navidad 4. ▸ Chinchón 5. ▸ 80 años 6. ▸ tienen un carácter difícil, como su abuelo.

4. UN PLAN PARA LA ABUELA

1. PACO: 1. ▸ dibujante / una revisa como diseñador gráfico 2. ▸ muy temprano 3. ▸ seis de la tarde 4. ▸ va a nadar

   CARMEN: 1. ▸ abogada / un despacho 2. ▸ nueve y media 3. ▸ seis y media 4. ▸ médicos, arquitectos, artistas, empresarios, empleados... 5. ▸ va al gimnasio
2. 2, 7 y 8

5. UN PASEO CON LA ABUELA

1. 1. ▸ b 2. ▸ d 3. ▸ e 4. ▸ a 5. ▸ c 6. ▸ f
2. 1. ▸ diciembre 2. ▸ doce 3. ▸ noche 4. ▸ Fin de Año 5. ▸ Año Nuevo 6. ▸ Nochevieja 7. ▸ Puerta del Sol 8. ▸ campanas

6. LA SORPRESA

1. 1. ▸ d 2. ▸ g 3. ▸ f 4. ▸ a 5. ▸ c 6. ▸ e 7. ▸ b 8. ▸ h
2. 1. ▸ F 2. ▸ V 3. ▸ F 4. ▸ F 5. ▸ V 6. ▸ F 7. ▸ V 8. ▸ V

7. EL GRUPO DE TEATRO

1. 1. ▸ b 2. ▸ d 3. ▸ f 4. ▸ g 5. ▸ a 6. ▸ c 7. ▸ e
2. 1. ▸ veinte 2. ▸ obras de teatro / la directora del grupo 3. ▸ la Real Escuela Superior de Arte Dramático 4. ▸ viajar y visitar con sus obras los teatros de todo el mundo 5. ▸ las personas que no conoce 6. ▸ va a la clase de teatro

8. CHOCOLATE CON CHURROS, PELUCAS Y MUCHO MÁS

1. 3, 6 y 8

9. LOS AMIGOS DE MIS AMIGOS

1. 1. ▸ c 2. ▸ f 3. ▸ e 4. ▸ b 5. ▸ a 6. ▸ g 7. ▸ d
2. 1. ▸ e 2. ▸ b 3. ▸ d 4. ▸ a 5. ▸ g 6. ▸ f 7. ▸ c

10. LA ABUELA Y LOS VECINOS DEL PUEBLO

1. 1. ▸ b 2. ▸ d 3. ▸ f 4. ▸ a 5. ▸ e 6. ▸ c 7. ▸ g
2. 1. ▸ V 2. ▸ V 3. ▸ F 4. ▸ V 5. ▸ F 6. ▸ V 7. ▸ V 8. ▸ F

11. 24 DE DICIEMBRE: NOCHEBUENA

1. 1. ▸ c 2. ▸ f 3. ▸ a 4. ▸ e 5. ▸ g 6. ▸ b 7. ▸ d
2. 3, 6 y 8

12. 25 DE DICIEMBRE: NAVIDAD

1. 1. ▸ b 2. ▸ f 3. ▸ d 4. ▸ g 5. ▸ a 6. ▸ e 7. ▸ h 8. ▸ i 9. ▸ c
2. 1. ▸ g 2. ▸ f /h 3. ▸ h 4. ▸ d/f 5. ▸ b 6. ▸ a/g 7. ▸ e/f 8. ▸ c

13. ANDRÉS, EL HIJO DEL PANADERO

1. 1. ▸ F 2. ▸ F 3. ▸ F 4. ▸ V 5. ▸ V 6. ▸ F 7. ▸ F 8. ▸ V
2. 1. ▸ a 2. ▸ c 3. ▸ b 4. ▸ b 5. ▸ a 6. ▸ c 7. ▸ b 8. ▸ b

14. MALAS NOTICIAS

1. 1. ▸ c 2. ▸ g 3. ▸ a 4. ▸ e 5. ▸ d 6. ▸ b 7. ▸ f
2. 1. ▸ b 2. ▸ f 3. ▸ g 4. ▸ h 5. ▸ d 6. ▸ c 7. ▸ a 8. ▸ e

15. 31 DE DICIEMBRE: NOCHEVIEJA

1. 1. ▸ Carmen y Lucas 2. ▸ Paco 3. ▸ Marina y Alba 4. ▸ Alba 5. ▸ Marina 6. ▸ Marina 7. ▸ Carmen, Paco, Lucas y Marina. 8. ▸ Marina
2. 1. ▸ Alba no va 2. ▸ la Puerta del Sol 3. ▸ hay mucha gente en la calle. 4. ▸ doce menos cuarto 5. ▸ en casa 6. ▸ Andrés 7. ▸ atractivo 8. ▸ Andrés